Préface
(Didier DAVOUST - 8/12/2013)

Voici un nouveau recueil de poésie et de dessins de Raoul TEVES: "Le chinois qui gobait les oeufs".

Ces poèmes s'étalent sur environ vingt cinq ans; voire plus, jusqu'aux années 2000-2005.

On y retrouve dans son style musical, le quotidien dans son tragique, son espoir... La vie quotidienne transfigurée par Raoul. C'est un chant à l'amour, à l'amitié, à la mémoire. C'est un hymne à JP., à "la Caille", et autres...

Raoul sait transfigurer le tragique, l'éphémère, les aléas de la vie. Il fréquente les lieux les plus divers et les personnes les plus diverses.

Raoul est un poète de la vie qui s'investit beaucoup auprès des gens.

Avec Raoul déambulons dans les lieux les plus divers et fréquentons toutes sortes de gens !

Raoul a le regard du lointain et de l'éternité. Sa poésie coule comme le cours du temps avec un ancrage dans l'éternité.

Rappelons que Raoul est le fils du peintre allemand Dieter TEVES et de Christine GIRARD LEDUC.

Par delà la nostalgie, avec Raoul c'est du côté de l'espoir...

Vous pouvez retrouver Raoul sur le site internet www.fragweb.org

Le Chinois qui Gobait les œufs.

**Poésies
Années 2000.**

Raoul Tévès

Y'avait le mec
à l'œil chinois
qui gobait les œufs.

Ce tami dont
Tu ne connais
pas le nom.

La vengeance
Mort
Celle des morts
Revenue dans
La mort,
Celle des morts,
Et des
    Quelques
     Attendres ...

Et voilà quelques
Années que je
N'étais pas revenu
Dans ce coin
Ce coin là
Un petit coin de
Pizza, qui sent
Bon dans la chanson
D'Annie Lennox;
Elle crie,
Et les odeurs
      Fuient...
         (1999)

Cette Fille Si Lointaine
(dediée à Laurie Choulèva)
(Refrain : Cette fille si lointaine .)

Est-ce que je
Pourrais l'écrire
Cette fille…
Cette si lointaine
Cette américaine
Celle là
Celle des poêmes
Qui depuis
Si lointainement
Me créa
Cette sensation
D'un soir
Et d'une
Lointaine,
Mémoire
Cette…
Qui me donna
Cette si lointaine…
        RT 09

J.P

Y m'a
Sorti
Son p'tit trésor
Une petite boîte
Appelée dorée…
Il était clochard,
Et un ami.

RT 04

Morte
Une femme
Blonde
41 ans
A l'hôtel
Langue brûlée !

À monsieur Cochet

Il est
Celui de la gordini
De 1966…

Dans la matière,
Le métal à l'essence,
Pure…
A l'ancètre,
Le roi de la forge,
Dans les diables – feux.
L'étant !

Le jeu,
Le prit un jour,
Et il devint l'oiseau,
Au cœur qui ne
Se fendit vraiment Jamais !
                2004

Petit garçon
Qui perd
Grozny…
Tendres yeux
Du plus grand penseur

Enfant.
Sans oncle ?
Et sans grand père ?
                    RT 03

Paris
Pour L.C.

Il y avait devant
Chez moi , l'hôtel,
Où l'on voyait
Que je buvais le vin,
Quelques japonais…

J'étais culture,
Et en quelques moments
Absurdes j'aprenais
A écrire à un oiseau ?

Le vent des villes
Est souvent essoufflé,
Et dans un grand
Carré, j'abordais
Le concien et le bien.

Mort du Claude.

Le p'tit Claude
Dit la « caille »
Du bar « Québec »
Est mort.
Il était garçon
Sans cols
Et au vieux pantalon,

Il est mort,
Et a parlé
A tous ces oiseaux
De passage
Qui lui ont laissé
Presque Rien.

Oui « la caille »
Qui vous fait
Rentrer
Dans des histoires
Les vôtres ?

L'assiette de pâtes
1974.
J'étais seul,
Cheveux blonds,
Dans un local,
Presque métallique.

L'assiette de pâtes,
Sauce tomate,
Avec mes cinq
Minutes,
Rien qu'une minute...
1974…

      RT 04.

Poême.

Fautqu' le monde
Se mette
En scène,   .
Et j les vis là
S'embrasser,
Leur vie était
Déja déja
Commençée !...

Une pédagogue
Sudessi Pianiste !!!

Le Chinois qui Gobait les Œufs

Aquarelles,

FIN

Collection FRAGMENTATION

Retrouvez aussi la poésie de Raoul Tévès , avec « Au syndicat des anges,le cheval ardent au pré d'or » et« Mille neuf cent quatre vingt deux »

(6 Euros) (7 Euros)

Et, Didier Davoust :

Maurice, philosophe de comptoir

**Tome 1 : Un été avec Maurice ! (6 Euros)
Tome 2 : Une année avec Maurice ! (6 Euros)
Tome 3 : Une époque avec Maurice ! (7 Euros)
Tome 4 : Toujours avec Maurice ! (7 Euros).**

Auteurs également présents sur www.fragweb.org
De nombreux autres ouvrages à paraître...

Collection FRAGMENTATION
© 2014, Raoul Tévès
Edition : BoD - Books on Demand, 12/14 rond-point des Champs Elysées, 75008 Paris
Imprimé par BoD - Books on Demand GmbH,
Norderstedt, Allemagne
ISBN : 9782322035472
Dépôt légal : Février 2014